Dieu prend soin de moi

Le Psaume 121

Publié par iCharacter Ltd.

www.iCharacter.eu

Texte : Agnès et Salem de Bézenac

Illustrations : Agnès de Bézenac

Mise en couleur : Sonny

Traduit de l'original anglais par Berniris

Quand je suis tout seul, y a-t-il quelqu'un pour m'aider ?

Je lève les yeux vers les montagnes :
d'où viendra mon secours ?

(verset 1)

Je prie et
le Seigneur
vient à mon
secours.

Mon secours vient
du Seigneur.

(verset 2a)

Il a fait tout
ce qui est dans
le ciel et sur
la terre.

C'est lui qui a fait
le ciel et la terre.

(verset 2b)

Il veillera sur moi, pour me protéger du mal.

Il te gardera de tout faux pas.

(verset 3a)

Il ne cesse de veiller sur moi.

Celui qui te garde ne sommeillera pas.

(verset 3b)

Le Seigneur prend soin de ses enfants.

Non, celui qui garde Israël...

(verset 4a)

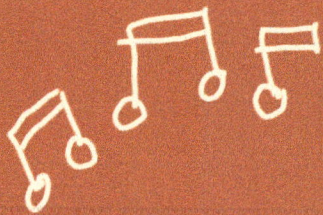

Il ne se repose jamais, à aucun moment.

... jamais ne dort,
jamais ne sommeille.

(verset 4b)

Il me garde
de tout
danger.

C'est le Seigneur
qui te garde.

(verset 5a)

Il est comme une ombre qui ne me quitte jamais.

Le Seigneur est à côté de toi
comme une ombre qui te protège.

(verset 5b)

Le Seigneur me protège du soleil quand il fait très chaud,

Le soleil ne te frappera pas de jour...

(verset 6a)

*** *×

Il me protège
aussi des
dangers de
la nuit.

... ni la lune de nuit.

(verset 6b)

En présence du danger, le Seigneur sera à mes côtés.

Le Seigneur te gardera de tout mal.

(verset 7a)

Il veille sur moi depuis ma naissance jusque dans mes vieux jours.

Il préservera ta vie.

(verset 7b)

Quand je sors de chez moi et quand je rentre, le Seigneur le voit.

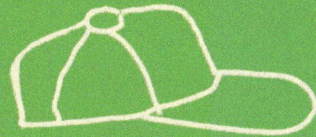

Le Seigneur veillera sur toi de ton départ à ton retour.

(verset 8a)

Il est avec moi en ce moment, et il restera toujours avec moi.

Dès maintenant à toujours.

(verset 8b)

Autres titres dans la même collection

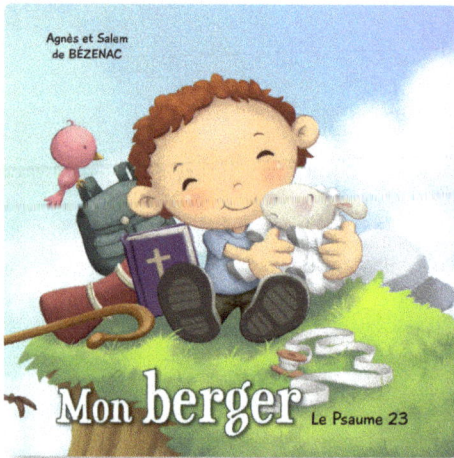

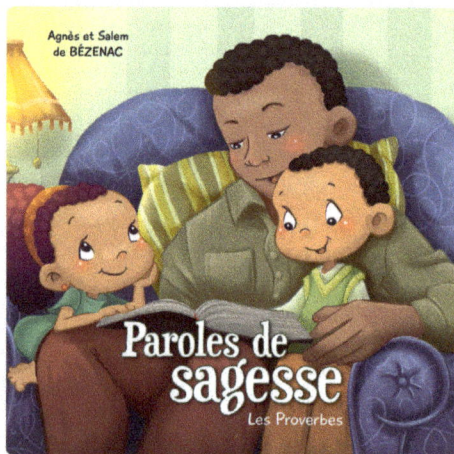

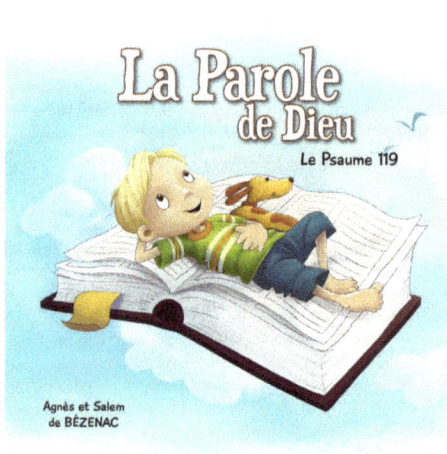

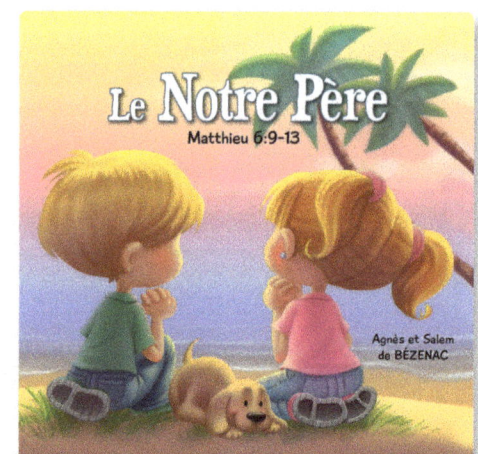

Agnès et Salem de BÉZENAC

Mon berger Le Psaume 23

Remplis de son Amour 1 Corinthiens 13

Agnès et Salem de BÉZENAC

Je loue mon Seigneur Le Psaume 100

Agnès et Salem de BÉZENAC

Agnès et Salem de BÉZENAC

Paroles de sagesse Les Proverbes

La Parole de Dieu Le Psaume 119

Agnès et Salem de BÉZENAC

Le Notre Père Matthieu 6:9-13

Agnès et Salem de BÉZENAC

www.ingramcontent.com/pod-product-compliance
Lightning Source LLC
Chambersburg PA
CBHW040250100426
42811CB00011B/1217